特色农产品质量安全管控"一品一策"丛书

路桥西瓜全产业链质量安全风险管控手册

郑蔚然　　洪文杰　主编

中国农业出版社

北　京

图书在版编目（CIP）数据

路桥西瓜全产业链质量安全风险管控手册 / 郑蔚然，洪文杰主编. -- 北京 ：中国农业出版社，2024.12.(特色农产品质量安全管控"一品一策"丛书). -- ISBN 978-7-109-32821-1

Ⅰ.F326.13-62

中国国家版本馆CIP数据核字第2024P9Y789号

中国农业出版社出版

地址：北京市朝阳区麦子店街18号楼

邮编：100125

责任编辑：周晓艳　耿韶磊

版式设计：杨　婧　　责任校对：张雯婷　　责任印制：王　宏

印刷：北京缤索印刷有限公司

版次：2024年12月第1版

印次：2024年12月北京第1次印刷

发行：新华书店北京发行所

开本：787mm×1092mm　1/24

印张：3

字数：35千字

定价：29.00元

编 写 人 员

主　　编　　郑蔚然　　洪文杰

副 主 编　　李四飞　　于国光　　雷　玲

技术指导　　杨　华　　周仙林　　罗海冰　　褚田芬

参　　编　　(按姓氏笔画排序)

　　　　　　王夏君　　朱汉鑫　　任霞霞　　刘　琳

　　　　　　李　辉　　李婉怡　　张美钰　　陈　敏

　　　　　　钱文婧　　徐珂音　　盛　慧

前　　言

　　"采得青门绿玉房，巧将猩血沁中央，结成晞日三危露，泻出流霞九酝浆。"明代诗人瞿佑的这首《红瓤瓜》采用了比喻的手法，将西瓜描述得极为生动传神，让人垂涎欲滴。西瓜原产于非洲热带的干旱沙漠地带，唐代中晚期开始由西域传入我国。"西瓜"这个词最早可追溯到五代时期胡峤所著的《陷虏记》一书，到南宋时期，西瓜在我国开始了大规模种植。

　　目前，世界西瓜的主产国为中国、土耳其、印度、阿尔及利亚、巴西、俄罗斯等。据联合国粮食及农业组织(FAO)统计，截至2022年，全球西瓜产量为9 995.76万t，我国西瓜产量为6 038.61万t，占全球西瓜产量的比重为60.41%，是全球最大的西瓜生产国和消费国。2022年，我国平均每人吃掉了42.77kg西瓜，是真"吃瓜群众"，而同年全球人均西瓜消费量仅有12.26kg。

浙江省西瓜种植始于20世纪50年代，发展于80年代，兴盛于90年代。90年代中后期，消费市场对西瓜的优质化和多样化更趋明显，中、小型西瓜开始大面积栽培，加上大棚早熟栽培技术和秋季延后栽培技术的推广，使得西瓜采收供应期大幅度延长，西瓜产业不断发展壮大。

台州市路桥区种植西瓜历史悠久，目前种植面积约866.67hm^2。近年来，路桥西瓜产业快速发展，种植规模不断扩大。路桥西瓜对规模化生产基地建设、病虫害综合防治、绿色产品发展、品质提升等方面的要求也越来越高。

2022年以来，在"农业标准化生产示范创建"（"一品一策"）项目的支持下，浙江省农业科学院农产品质量安全与营养研究所与路桥区农业农村和水利局在调查、试验的基础上，围绕安全、绿色、优质、高效的生产目标，研究并发布了《绿色食品 路桥西瓜生产技术规程》（T/ZLX 056—2023）、《路桥西瓜》（T/ZNZ 174—2023）和《路桥西瓜生产基地建设规范》（T/ZNZ 215—2023）等相关团体标准，并在此基础上编写了《路桥西瓜全产业链质量安全风险管控手册》一书，以期为路桥西瓜质量安全风险管控提供指导。

　　衷心感谢浙江省农业农村厅、浙江省财政厅对"一品一策"项目的大力支持。本手册在编写过程中得到了相关专家的悉心指导，以及有关同行的资料提供，谨在此致以衷心的感谢。

　　由于作者水平有限，加之编写时间仓促，书中难免存在疏漏与不足之处，敬请广大读者批评指正。

编　者

2024年1月

目　　录

前言

一、概　述

西瓜（*Citrullus lanatus*），是葫芦科西瓜属一年生蔓生藤本植物，形态近似于球形或椭圆形，颜色有深绿、浅绿或带有黑绿条带或斑纹；瓜子多为黑色，呈椭圆形，头尖；茎枝粗壮，有淡黄褐色的柔毛；叶片如纸，呈三角状卵形，边缘呈波状。在《全国西瓜甜瓜产业发展规划（2015—2020年)》（农办农〔2015〕5号）和国家西甜瓜产业技术体系的支持下，我国西瓜产业蓬勃发展，在全国各地形成了各具特色、品质优良的优势栽培产区，创建了"西甜瓜之乡"，促进城乡经济的发展。

路桥区，隶属浙江省台州市，位于浙江省沿海中部，中国黄金海岸中段；介于北纬28°27′—28°38′，东经121°13′—121°40′；属亚热带季风气候，四季分明；灌溉水来自长潭库区，水源充足；土壤为混涂泥，母质系浅海沉积物，颗粒均细，土层深厚，有机质含量高。路桥种植西瓜历史悠久，主要种植品种有早佳8424、早春红玉等，种植面积约1.3万亩[*]。其得天独厚的地理环境和海洋性气候、日夜温差大等特有条件，使得路桥

---

[*]　亩为非法定计量单位。1亩≈667m²。——编者注

产出的西瓜特别甜、脆，尤其是黄琅区域种植的西瓜，以果形端正、瓤红多汁、肉质细腻、松脆可口、纤维少、风味佳、糖度高、外观美而享誉国内。

路桥西瓜先后获得"省十佳优质品牌西瓜""省农博会金奖""浙江名牌产品""浙江省首批名优'土特产'"等荣誉。如今，路桥西瓜正朝着规模化、产业化、标准化、品牌化方向发展。

二、路桥西瓜风险管控关键技术

路桥西瓜风险管控关键技术主要包括：品种选育、整枝理蔓、平衡施肥、绿色防控、科学用药、全程追溯。

三、基地选择与建设

1. 基地选择与要求

　　路桥西瓜生产基地应选择生态环境良好的地块，基地周围 5km 以内无污染源。基地宜地势高燥，土层深厚疏松，排灌方便，pH 以 6.5 ～ 7.5 为宜。适度规模化种植，设施栽培连片面积 10 亩以上为宜。不宜选用葫芦科作物连作地块。环境质量应符合《环境空气质量标准》（GB 3095—2012）（表 1）、《农田灌溉水质标准》（GB 5084—2021）（表 2）和《土壤环境质量　农用地土壤污染风险管控标准（试行）》（GB 15618—2018）二级标准（表 3）的要求。

表 1　环境空气质量标准（GB 3095—2012）

序号	污染物项目	平均时间	浓度限值		单位
			一级	二级	
1	二氧化硫（SO_2）	年平均	20	60	$\mu g/m^3$
		24h平均	50	150	
		1h平均	150	500	

（续）

序号	污染物项目	平均时间	浓度限值		单位
			一级	二级	
2	二氧化氮（NO$_2$）	年平均	40	40	μg/m^3
		24h平均	80	80	
		1h平均	200	200	
3	一氧化碳（CO）	24h平均	4	4	mg/m^3
		1h平均	10	10	
4	臭氧（O$_3$）	日最大8h平均	100	160	
		1h平均	160	200	
5	颗粒物（粒径≤10μm）	年平均	40	70	μg/m^3
		24h平均	50	150	
6	颗粒物（粒径≤25μm）	年平均	15	35	
		24h平均	35	75	

表2　农田灌溉水质标准（GB 5084—2021）

序号	项目类别	作物种类		
		水田作物	旱地作物	蔬菜
1	pH		$5.5 \sim 8.5$	
2	水温（℃）		$\leqslant 35$	
3	悬浮物（mg/L）	$\leqslant 80$	$\leqslant 100$	$\leqslant 60^a$，$\leqslant 15^b$
4	五日生化需氧量（BOD_5）（mg/L）	$\leqslant 60$	$\leqslant 100$	$\leqslant 40^a$，$\leqslant 15^b$
5	化学需氧量（COD_{cr}）（mg/L）	$\leqslant 150$	$\leqslant 200$	$\leqslant 100^a$，$\leqslant 60^b$
6	阴离子表面活性剂（mg/L）	$\leqslant 5$	$\leqslant 8$	$\leqslant 5$
7	氯化物（以Cl^-计）（mg/L）		$\leqslant 350$	
8	硫化物（以S^{2-}计）（mg/L）		1	
9	全盐量（mg/L）		$\leqslant 1\ 000$（非盐碱地土地区） $\leqslant 2\ 000$（盐碱土地区）	
10	总铅（mg/L）		$\leqslant 0.2$	
11	总镉（mg/L）		$\leqslant 0.01$	
12	铬（六价）（mg/L）		$\leqslant 0.1$	
13	总汞（mg/L）		$\leqslant 0.001$	
14	总砷（mg/L）	$\leqslant 0.05$	$\leqslant 0.1$	$\leqslant 0.05$

（续）

序号	项目类别	作物种类		
		水田作物	旱地作物	蔬菜
15	粪大肠菌群数（MPN/L）	≤40 000	≤40 000	≤20 000[a], ≤10 000[b]
16	蛔虫卵数（个/10L）	≤20		≤20[a]，≤10[b]

a. 加工、烹调及去皮蔬菜。

b. 生菜类蔬菜、瓜类和草本水果。

表3 土壤环境质量农用地土壤污染风险管控标准（试行）
（GB 15618—2018）

单位：mg/kg

序号	污染物项目[①②]		风险筛选值			
			pH≤5.5	5.5<pH≤6.5	6.5<pH≤7.5	pH>7.5
1	镉	水田	0.3	0.4	0.6	0.8
2		其他	0.3	0.3	0.3	0.6
3	汞	水田	0.5	0.5	0.6	1.0
4		其他	1.3	1.8	2.4	3.4

（续）

序号	污染物项目①②		风险筛选值			
			pH≤5.5	5.5<pH≤6.5	6.5<pH≤7.5	pH>7.5
5	砷	水田	30	30	25	20
6		其他	40	40	30	25
7	铅	水田	80	100	140	240
8		其他	70	90	120	170
9	铬	水田	250	250	300	350
10		其他	150	150	200	250
11	铜	果园	150	150	200	200
12		其他	50	50	100	100
13	镍		60	70	100	190
14	锌		200	200	250	300

注：①重金属和类重金属砷均按元素总量计。

②对于水旱轮作地，采用其中较严格的风险筛选值。

2. 基地布局

　　生产基地功能分区应包括种植区、投入品仓库和产品仓库等，根据生产需要建立包装、检测、废弃物存放等场所，并配备相应设施。在生产基地各个区域设置区域名称标牌、田块标牌和道路指引牌等标识。

3. 设施栽培

　　路桥西瓜生产以设施栽培为主。大棚构建宜采用钢架大棚，南北朝向，长度以30～60m为宜，单体大棚相邻棚间距≥1.0m，棚头间距≥2.5m；连栋大棚相邻棚间距≥4.0m，棚头间距≥6.0m，单个连栋大棚的单栋数量不宜超过10个。大棚门宜选择移门，大小以方便人员进出和机械操作为宜。棚架顶部覆盖多功能大棚膜，膜厚≥0.07mm。

4. 附属设施

　　有条件的基地宜建立智能化控制装置及监控系统，包括光温湿、土壤养分、病虫草害、植株生长状况于一体的监测，以及水肥一体化灌溉等农业物联网设施设备。同时，生产基地应配备专用的农药喷洒、排水泵等农用器械与设备；配备杀虫灯、防虫网、性诱器、防鸟网等绿色防控设施。

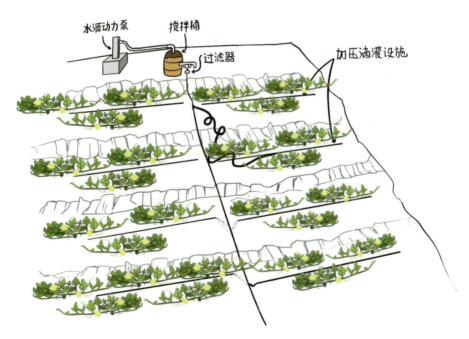

生产基地应设有投入品包装回收桶，按照玻璃瓶包装、塑料瓶包装、软性复合袋包装等分类回收。

四、栽培管理

1. 品种选择

应选择优质高产、商品性好、抗逆性强、适合本地栽培的品种，如中果型瓜早佳8424、小果型瓜早春红玉等。中果型嫁接宜采用"甬砧1号"等砧木品种，小果型嫁接宜采用"甬砧5号"等砧木品种。

早佳8424

早春红玉

2. 育苗

（1）育苗前准备。

①苗床。冬春季育苗，选择排水良好、避风向阳的田块建育苗大棚，在地面覆盖园艺地布，铺设 $100 \sim 120W/m^2$ 电热线，覆土 2cm。育苗前应进行消毒。

②穴盘和基质。选用 50 孔穴盘作育苗容器；基质选用商品育苗基质，基质要求符合《蔬菜育苗基质》（NY/T 2118—2012）。

③浸种催芽。清水浸泡，二倍体种子 $4 \sim 6h$，三倍体种子 $5.5 \sim 8h$。洗净种子表面黏液，捞出，沥干水分。将处理好的种子用湿布包好置于 $28 \sim 30\ ℃$ 条件下催芽至露白，挑出待播。

（2）播种。播种前穴盘装好基质、浇透底水，滤干后摆入苗床播种，也可播种后摆入。挑选露白的种子播于穴盘中，播种深度约为 1cm，播种时将种子胚根斜向下、种子平放于穴盘小孔中心，用育苗基质覆盖。播后用喷壶喷湿表土，并根据天气情况揭盖地膜、搭建

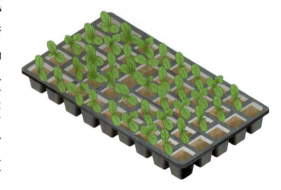

拱棚或添加遮阳网来调节温度、湿度。如采用嫁接育苗，砧木提前播种7～10 d，接穗采用平盘播种。

（3）苗期管理。出苗后揭去覆盖物，并逐步降低温度，冬春季白天保持在20～25 ℃、夜间宜16～18 ℃。子叶展开后可适当升高温度。

（4）嫁接。如采用嫁接育苗，嫁接前应对刀片、竹签、夹子等工具用75%酒精浸泡消毒30min。宜选用顶插嫁接法、劈接法等进行嫁接。嫁接完成后，将穴盘整齐摆放回苗床，控温控湿。覆盖小拱棚薄膜后遮光3d。苗床温度，白天26～28℃、夜间24～25℃，相对湿度保持在95%左右。嫁接3d后早晚见光、适当通风，白天温度保持22～25℃，夜间温度保持18～20℃。嫁接8～10 d后恢复正常管理。

（5）炼苗。定植前5～7 d炼苗，增加通风量，降低温度。在晴暖天气，结合浇水施0.05%～0.1%的水溶性三元复混（合）肥。

（6）苗木要求。苗高10～12cm，2～3片真叶，健壮无病，节间短粗，叶片浓绿，根系发达。

3.定植

瓜苗长至2～3片叶时定植，定植时10 cm土层地温应稳定在12 ℃以上，选择晴天上午定植。每亩定植250～400株。定植

苗根系应携带完整的育苗土，定植深度保持营养土块上表面比畦面稍高。嫁接苗定植时，嫁接口应高出畦面1～2cm。定植后浇定根水，用细土封闭定植孔。及时检查成活情况并补种。

4.整枝理蔓

采用三蔓整枝法。主蔓长60cm时整枝，去除多余侧蔓，剪除基部较弱的子蔓，同时调整爬蔓方向，使瓜蔓在畦面均匀分布，坐果后可不再整枝。

5.花果管理

（1）坐果。第1批瓜选第2雌花坐瓜，中型西瓜每蔓坐1个瓜，小果型西瓜品种每蔓1～2个瓜。

（2）授粉。选留节位的雌花开放时，采摘刚开花的雄花进行人工授粉，授粉后做好日期标记。早春雄花无花粉的，宜选用适宜浓度的氯吡脲喷幼瓜，以提高坐果率。

（3）疏花留果。中型西瓜每蔓选留1个、小果型西瓜品种每蔓选留1～2个果形端正且富有光泽的幼瓜。

6. 土肥水管理

（1）土壤管理。

①土壤消毒。连作地块宜在栽培前使用水旱轮作、高温闷棚等措施，必要时采用50%氰氨化钙（石灰氮）等对土壤进行消毒。

②翻耕定畦。定植前15d将土壤翻耕耙匀、定畦，畦宽2.5～3m，畦面龟背形，畦高不低于25cm。

③搭棚盖膜。定植前15 d铺好地膜，可选黑地膜、黑白双色膜、黑白拼色膜，以提高地温、防草害。

（2）施肥管理。

①基肥。每亩施商品有机肥800～1 000kg，配合施用西瓜专用肥。肥料使用应符合《绿色食品 肥料使用准则》（NY/T 394—2023）的要求。

②追肥。在施足基肥的基础上看苗追肥，推荐使用水溶性

肥。宜在每批瓜坐果后7～10d施膨瓜肥。第1批瓜采摘后，每亩施高钾低磷复混（合）肥10kg，用0.2%～0.3%磷酸二氢钾溶液及微量元素肥料溶液叶面喷施1～2次。追肥施加应符合《大棚西瓜生产技术规程》（DB33/T 2005—2016）的要求。

（3）水分管理。采用微灌或滴灌方式。定植期，浇足水。缓苗期、伸蔓期，适当控制土壤含水量，保持土壤见干见湿，避免过量灌水；开花坐果期严格控制灌水，当土壤墒情影响坐果时，宜在授粉前7d灌少量水；果实膨大期宜适量增加水量，采收前7～10d控水。如遇雨涝灾害，及时清沟理墒，排出积水。

7.温光管理

缓苗前温度应当控制在白天28～32℃、夜间15℃以上，不宜通风；缓苗后到坐果前适当通风增加光照；盛花期控制夜间温度20℃左右；坐果后防止温度过高，中午适当延长通风时间，白天控制棚内温度在35℃以下、夜间15～20℃。

8.病虫害防治

（1）防治原则。病虫害防治应遵循"预防为主、综合防治"的原则，优先采用农业防治、物理防治、生物防治，科学使用高效低毒、低残留、低风险的化学农药，将有害生物危害控制在允许的阈值内。

（2）农业防治。农业防治应优先选用抗病、抗逆性好的品种；培育无病虫害壮苗；播种前种子进行消毒处理；实行轮作倒茬；清洁田园，及时清除病枝、病叶、病果；加强棚内通风换气，控制合理的温湿度；科学施肥、合理灌溉等。

（3）物理防治。采用频振式杀虫灯、有色粘虫板、银灰膜，以及防虫网等方式。

（4）生物防治。生物防治应采用昆虫信息素诱杀害虫；保护和利用天敌；使用生物农药防治病虫害。推广"以虫治虫，以菌治虫"的方式，保持生态平衡。

（5）化学防治。应优先选择已在西瓜上登记符合《绿色食品　农药使用准则》（NY/T 393—2020）规定的农药。根据主要病虫害的发生情况，适期防治，严格掌握施药剂量（或浓度）、施药次数和安全间隔期，建议交替轮换使用不同作用机理的农药品种。西瓜主要病虫害防治推荐用药见表4。施药人员应穿着防护服，施药完毕后，应立即设置警示标识牌。警示标识牌应标注所施药剂名称、施药剂量、施药人员和施药时间等信息。

表4　西瓜主要病虫害防治推荐用药

防治对象	农药通用名	含量	稀释倍数/推荐用量	防治适期及方法	每季最多使用次数	安全间隔期(d)
枯萎病	多抗霉素	0.3%	80～100倍液	幼苗期或发病初期灌根；已发病的植株，应当拔除病株，再进行灌根	2	—
	枯草芽孢杆菌	10亿CFU/g	300～400倍液		2	—
	噁霉灵	15%	300～400倍液		2	—
蔓枯病炭疽病	甲基硫菌灵	70%	50～80 g/亩	初果期以前用药，喷雾使用	3	7
	苯甲·嘧菌酯	325 g/L	30～50mL/亩	发病初期，喷雾使用	3	14
	啶氧菌酯	22.5%	35～45mL/亩		3	7
	氟菌唑	30%	15～18 g/亩	发病初期，喷雾使用	3	7
白粉病	苯甲·嘧菌酯	40%	30～40mL/亩	发病初期，喷雾使用，不应与乳油类农药和助剂混用	2	14

（续）

防治对象	农药通用名	含量	稀释倍数/推荐用量	防治适期及方法	每季最多使用次数	安全间隔期(d)
猝倒病	嘧菌·噁霉灵	0.4%	10 000~15 000 g/亩	播种或移栽前穴施	1	—
蚜虫	噻虫嗪	25%	8~10 g/亩	虫害高发期,喷雾使用	2	7
	啶虫脒	70%	2~4 g/亩	发病初期,喷雾使用	1	10
	除虫菊提取物	0.5%	240~480 g/亩		—	—
烟粉虱	螺虫·噻虫啉	22%	30~40mL/亩	发病初期,喷雾使用	2	14
	溴氰虫酰胺	10%	33.3~40mL/亩	授粉前期,喷雾使用	3	5
红蜘蛛	乙螨唑	110 g/L	3 500~5 000倍液	喷雾使用	1	3
蓟马	乙基多杀菌素	60 g/L	40~50mL/亩	虫害高发期,喷雾使用	2	5
	溴氰虫酰胺	10%	33.3~40mL/亩		3	5

五、采收贮运

　　根据授粉坐果日期及品种特性，结合试吃确定成熟度，合理掌握采收日期。采摘时保留5cm左右瓜柄，瓜果面光亮，条纹清晰。近距离销售时于清晨时分采摘；远距离销售时于傍晚时分采摘。采收工具、容器和运输车辆应清洁保养。采收后的西瓜按品种进行分类，分级存放。路桥西瓜等级划分见表5，路桥西瓜的理化指标见表6。

表5　路桥西瓜等级划分

项目	特级	一级	二级
果形	端正，具有本品种固有特征		基本端正，允许有轻微偏差，但仍具有本品种固有特征
果实外观	具有本品种应有的底色、条纹，且底色均匀一致，条纹清晰		具有本品种应有的底色、条纹，允许底色有轻微差别，底色、条纹的色泽基本均匀
剖面	均匀一致，无黄白筋，无硬块		均匀性较一致，允许有少量黄白筋和小硬块
风味	肉质松脆多汁、甘甜适口、西瓜味浓郁		肉质松脆多汁、甘甜适口、西瓜味较浓郁

（续）

项目	特级	一级	二级
单果重	大小均匀，差异 ≤10%	大小较均匀，差异 ≤20%	大小基本均匀，差异≤30%
果面缺陷	无	允许不超过果面 2%的机械损伤、摩擦伤、刺伤、虫伤等	允许不超过果面5%的机械损伤、摩擦伤、刺伤、虫伤等

表6 路桥西瓜理化指标

项目	指标
果实中心可溶性固形物（%）	≥11.5
果实边缘可溶性固形物（%）	≥8.0
总酸（g/kg）	≤2.0
维生素C（mg/100g）	≥6.0

六、包装标识

包装材料应清洁、干燥、无毒、无污染、无异味，具有一定的透气性、抗压性和环保性。纸箱材质应符合《运输包装用单瓦楞纸箱和双瓦楞纸箱》（GB/T 6543—2008）的要求。包装标识应符合《新鲜水果包装标识 通则》（NY/T 1778—2009）和《绿色食品 包装通用准则》（NY/T 658—2015）的规定，包装盒上应附承诺达标合格证。包装盒外应标注产品名称、产地、生产单位、联系方式等信息。

七、承诺达标合格证和农产品质量
安全追溯系统

西瓜上市销售时，相关企业、合作社、家庭农场等规模生产主体应出具承诺达标合格证。规模以上主体应纳入追溯平台，优先考虑通过浙江农产品质量安全追溯平台实现统一信息查询。

16:20   .ıll 🛜 🔋80

✕   浙农优品   ···

西瓜

此标签已扫描125次

 承诺达标合格证	 绿色食品	 农产品地理标识	 网上农博

承诺销售的食用农产品:

✓ 不使用禁用农药兽药、停用兽药和非法添加物

✓ 常规农药兽药残留不超标

✓ 对承诺的真实性负责

承诺依据:

✓ 质量安全控制符合要求

✓ 自行检测合格

✓ 委托检测合格

附　　录

附录1　我国现有西瓜标准汇总

我国西瓜种植广泛，各地根据实际生产需求制定了相关标准。目前，国家标准14项，行业标准18项，地方及团体标准327项，涵盖了种子种苗、生产技术、病虫害防治、分等分级、检验检疫等内容。西瓜的部分国家标准、行业标准和浙江省地方标准目录见附表1-1。

附表1-1　西瓜的部分国家标准、行业标准和浙江省地方标准目录

标准编号	标准名称
GB 16715.1—2010	瓜菜作物种子　第1部分：瓜类
GB/T 17980.112—2004	农药　田间药效试验准则（二）第112部分：杀菌剂防治瓜类炭疽病
GB/T 17980.113—2004	农药　田间药效试验准则（二）第113部分：杀菌剂防治瓜类枯萎病

（续）

标准编号	标准名称
GB/T 19557.27—2022	植物品种特异性（可区别性）、一致性和稳定性测试指南　西瓜
GB/T 22446—2008	地理标志产品　大兴西瓜
GB/T 23416.3—2009	蔬菜病虫害安全防治技术规范　第3部分：瓜类
GB/T 27659—2011	无籽西瓜分等分级
GB/T 36781—2018	瓜类种传病毒检疫鉴定方法
GB/T 36822—2018	瓜类果斑病菌检疫鉴定方法
GB/T 36855—2018	西瓜种子产地检疫规程
GB/T 37279—2018	进出境瓜类种子检疫规程　细菌
GH/T 1153—2021	西瓜
NY/T 427—2016	绿色食品　西甜瓜
NY/T 584—2002	西瓜（含无子西瓜）
NY/T 2387—2013	农作物优异种质资源评价规范　西瓜
NY/T 2472—2013	西瓜品种鉴定技术规程　SSR分子标记法
NY/T 3626—2020	西瓜抗枯萎病鉴定技术规程
NY/T 4247—2022	设施西瓜生产全程质量控制技术规范
NY/T 5111—2002	无公害食品　西瓜生产技术规程

（续）

标准编号	标准名称
SN/T 1465—2004	西瓜细菌性果斑病菌检疫鉴定方法
SB/T 11029—2013	瓜类蔬菜流通规范
SB/T 11030—2013	瓜类贮运保鲜技术规范
DB33/T 994—2015	西瓜抗枯萎病性评价技术规范
DB33/T 2005—2016	大棚西瓜生产技术规程

附录2 西瓜质量安全要求

西瓜的质量安全主要考虑农药残留和污染物。我国《食品安全国家标准 食品中农药最大残留限量》（GB 2763—2021）和《食品安全国家标准 食品中2,4-滴丁酸钠盐等112种农药最大残留限量》（GB 2763.1—2022）主要规定了以下农药在西瓜中的最大残留量（173项）。其中，阿维菌素、百菌清等89种农药在中国农药信息网进行了登记，具体见附表2-1。

附表2-1 西瓜中农药最大残留量限量

中文名称	英文名称	功能	最大残留限量（mg/kg）	是否登记
阿维菌素	Abamectin	杀虫剂	0.02	登记
百菌清	Chlorothalonil	杀菌剂	5	登记
保棉磷	Azinphos-methyl	杀虫剂	0.2	未登记
苯醚甲环唑	Difenoconazole	杀菌剂	0.1	登记
苯霜灵	Benalaxyl	杀菌剂	0.1	未登记
吡唑醚菌酯	Pyraclostrobin	杀菌剂	0.5	登记
吡唑萘菌胺	Isopyrazam	杀菌剂	0.1*	登记

（续）

中文名称	英文名称	功能	最大残留限量（mg/kg）	是否登记
丙硫多菌灵	Albendazole	杀菌剂	0.05*	未登记
丙森锌	Propineb	杀菌剂	1	登记
春雷霉素	Kasugamycin	杀菌剂	0.1*	登记
代森铵	Amobam	杀菌剂	1	登记
代森联	Metiram	杀菌剂	1	登记
代森锰锌	Mancozeb	杀菌剂	1	登记
代森锌	Zineb	杀菌剂	1	登记
稻瘟灵	Isoprothiolane	杀菌剂	0.1	登记
敌草胺	Napropamide	除草剂	0.05	登记
敌磺钠	Fenaminosulf	杀菌剂	0.1*	登记
啶虫脒	Acetamiprid	杀虫剂	0.2	登记
啶氧菌酯	Picoxystrobin	杀菌剂	0.05	登记
多菌灵	Carbendazim	杀菌剂	2	登记
多抗霉素	Polyoxins	杀菌剂	0.5*	登记
噁霉灵	Hymexazol	杀菌剂	0.5*	登记
噁唑菌酮	Famoxadone	杀菌剂	0.2	登记

（续）

中文名称	英文名称	功能	最大残留限量（mg/kg）	是否登记
二氰蒽醌	Dithianon	杀菌剂	1*	登记
呋虫胺	Dinotefuran	杀虫剂	1	登记
氟吡甲禾灵和高效氟吡甲禾灵	Haloxyfop-methyl and haloxyfop-P-methyl	除草剂	0.1*	登记
氟吡菌胺	Fluopicolide	杀菌剂	0.1*	登记
氟吡菌酰胺	Fluopyram	杀菌剂	0.1*	登记
氟菌唑	Triflumizole	杀菌剂	0.2*	登记
氟氯氰菊酯和高效氟氯氰菊酯	Cyfluthrin and beta-cyfluthrin	杀虫剂	0.1	登记
氟烯线砜	Fluensulfone	杀线虫剂	0.3*	登记
福美锌	Ziram	杀菌剂	1	登记
咯菌腈	Fludioxonil	杀菌剂	0.05	登记
己唑醇	Hexaconazole	杀菌剂	0.05	登记
甲氨基阿维菌素苯甲酸盐	Emamectin benzoate	杀虫剂	0.1	登记

（续）

中文名称	英文名称	功能	最大残留限量（mg/kg）	是否登记
甲基硫菌灵	Thiophanate-methyl	杀菌剂	2	登记
甲霜灵和精甲霜灵	Metalaxyl and metalaxyl-M	杀菌剂	0.2	登记
喹禾灵和精喹禾灵	Quizalofop-ethyl and quizalofop-P-ethyl	除草剂	0.2*	登记
喹啉铜	Oxine-copper	杀菌剂	0.2	登记
螺甲螨酯	Spiromesifen	杀螨剂	0.09*	登记
氯吡脲	Forchlorfenuron	植物生长调节剂	0.1	登记
咪鲜胺和咪鲜胺锰盐	Prochloraz and prochloraz-manganese chloride complex	杀菌剂	0.1	登记
醚菌酯	Kresoxim-methyl	杀菌剂	0.02	登记
嘧菌酯	Azoxystrobin	杀菌剂	1	登记

（续）

中文名称	英文名称	功能	最大残留限量（mg/kg）	是否登记
氰霜唑	Cyazofamid	杀菌剂	0.5	登记
噻虫啉	Thiacloprid	杀虫剂	0.2	登记
噻虫嗪	Thiamethoxam	杀虫剂	0.2	登记
噻唑膦	Fosthiazate	杀线虫剂	0.1	登记
申嗪霉素	Phenazino-1-carboxylic acid	杀菌剂	0.02*	登记
双胍三辛烷基苯磺酸盐	Iminoctadinetris（albesilate）	杀菌剂	0.2*	登记
双炔酰菌胺	Mandipropamid	杀菌剂	0.2*	登记
肟菌酯	Trifloxystrobin	杀菌剂	0.2	登记
五氯硝基苯	Quintozene	杀菌剂	0.02	登记
戊菌唑	Penconazole	杀菌剂	0.05	登记
戊唑醇	Tebuconazole	杀菌剂	0.1	登记
溴菌腈	Bromothalonil	杀菌剂	0.2*	登记
溴氰虫酰胺	Cyantraniliprole	杀虫剂	0.05	登记
乙基多杀菌素	Spinetoram	杀虫剂	0.1*	登记
异菌脲	Iprodione	杀菌剂	0.5	登记

（续）

中文名称	英文名称	功能	最大残留限量（mg/kg）	是否登记
仲丁灵	Butralin	除草剂	0.1	登记
氟啶虫胺腈	Sulfoxaflor	杀虫剂	0.02	登记
氟唑菌酰羟胺	Pydiflumetofen	杀菌剂	0.02*	登记
螺虫乙酯	Spirotetramat	杀虫剂	0.1	登记
胺苯磺隆	Ethametsulfuron	除草剂	0.01	禁用
巴毒磷	Crotoxyphos	杀虫剂	0.02*	未登记
百草枯	Paraquat	除草剂	0.02*	禁用
倍硫磷	Fenthion	杀虫剂	0.05	登记
苯并烯氟菌唑	Benzovindiflupyr	杀菌剂	0.2*	登记
苯菌酮	Metrafenone	杀菌剂	0.5*	登记
苯酰菌胺	Zoxamide	杀菌剂	2	登记
苯线磷	Fenamiphos	杀虫剂	0.02	禁用
吡虫啉	Imidacloprid	杀虫剂	0.2	登记
丙炔氟草胺	Flumioxazin	除草剂	0.02	登记
丙酯杀螨醇	Chloropropylate	杀虫剂	0.02*	未登记
草甘膦	Glyphosate	除草剂	0.1	登记

（续）

中文名称	英文名称	功能	最大残留限量（mg/kg）	是否登记
草枯醚	Chlornitrofen	除草剂	0.01*	未登记
草芽畏	2,3,6-TBA	除草剂	0.01*	未登记
敌百虫	Trichlorfon	杀虫剂	0.2	登记
敌草腈	Dichlobenil	除草剂	0.01*	未登记
敌敌畏	Dichlorvos	杀虫剂	0.2	登记
敌螨普	Dinocap	杀菌剂	0.05*	未登记
地虫硫磷	Fonofos	杀虫剂	0.01	禁用
丁硫克百威	Carbosulfan	杀虫剂	0.01	禁用
毒虫畏	Chlorfenvinphos	杀虫剂	0.01	未登记
毒菌酚	Hexachlorophene	杀菌剂	0.01*	未登记
对硫磷	Parathion	杀虫剂	0.01	禁用
多杀霉素	Spinosad	杀虫剂	0.2*	登记
二溴磷	Naled	杀虫剂	0.01*	未登记
粉唑醇	Flutriafol	杀菌剂	0.3	登记
氟虫腈	Fipronil	杀虫剂	0.02	登记
氟除草醚	Fluoronitrofen	除草剂	0.01*	未登记

（续）

中文名称	英文名称	功能	最大残留限量（mg/kg）	是否登记
氟啶虫酰胺	Flonicamid	杀虫剂	0.2	登记
氟噻唑吡乙酮	Oxathiapiprolin	杀菌剂	0.2*	登记
氟唑菌酰胺	Fluxapyroxad	杀菌剂	0.2*	登记
格螨酯	2,4-Dichlorophenyl benzenesulfonate	杀螨剂	0.01*	未登记
庚烯磷	Heptenophos	杀虫剂	0.01*	未登记
环螨酯	Cycloprate	杀螨剂	0.01*	未登记
活化酯	Acibenzolar-S-methyl	杀菌剂	0.8	未登记
甲胺磷	Methamidophos	杀虫剂	0.05	禁用
甲拌磷	Phorate	杀虫剂	0.01	禁用
甲磺隆	Metsulfuron-methyl	除草剂	0.01	禁用
甲基对硫磷	Parathion-methyl	杀虫剂	0.02	禁用
甲基硫环磷	Phosfolan-methyl	杀虫剂	0.03*	禁用
甲基异柳磷	Isofenphos-methyl	杀虫剂	0.01*	禁用
甲氰菊酯	Fenpropathrin	杀虫剂	5	登记
甲氧滴滴涕	Methoxychlor	杀虫剂	0.01	未登记

（续）

中文名称	英文名称	功能	最大残留限量（mg/kg）	是否登记
久效磷	Monocrotophos	杀虫剂	0.03	禁用
抗蚜威	Pirimicarb	杀虫剂	1	登记
克百威	Carbofuran	杀虫剂	0.02	禁用
乐果	Dimethoate	杀虫剂	0.01	禁用
乐杀螨	Binapacryl	杀螨剂 杀菌剂	0.05*	未登记
联苯肼酯	Bifenazate	杀螨剂	0.5	登记
磷胺	Phosphamidon	杀虫剂	0.05	禁用
硫丹	Endosulfan	杀虫剂	0.05	禁用
硫环磷	Phosfolan	杀虫剂	0.03	禁用
氯苯甲醚	Chloroneb	杀菌剂	0.01	未登记
氯虫苯甲酰胺	Chlorantraniliprole	杀虫剂	0.3*	登记
氯氟氰菊酯和 高效氯氟氰菊酯	Cyhalothrin and lambda-cyhalothrin	杀虫剂	0.05	登记
氯磺隆	Chlorsulfuron	除草剂	0.01	禁用
氯菊酯	Permethrin	杀虫剂	2	登记
氯氰菊酯和 高效氯氰菊酯	Cypermethrin and beta-cypermethrin	杀虫剂	0.07	登记

（续）

中文名称	英文名称	功能	最大残留限量（mg/kg）	是否登记
氯酞酸	Chlorthal	除草剂	0.01*	未登记
氯酞酸甲酯	Chlorthal-dimethyl	除草剂	0.01	未登记
氯唑磷	Isazofos	杀虫剂	0.01	禁用
茅草枯	Dalapon	除草剂	0.01*	未登记
咪唑菌酮	Fenamidone	杀菌剂	0.2	未登记
嘧菌环胺	Cyprodinil	杀菌剂	0.5	登记
灭草环	Tridiphane	除草剂	0.05*	未登记
灭多威	Methomyl	杀虫剂	0.2	禁用
灭螨醌	Acequincyl	杀螨剂	0.01	未登记
灭线磷	Ethoprophos	杀线虫剂	0.02	禁用
内吸磷	Demeton	杀虫剂 杀螨剂	0.02	禁用
嗪氨灵	Triforine	杀菌剂	0.5*	未登记
氰戊菊酯和 S-氰戊菊酯	Fenvalerate and esfenvalerate	杀虫剂	0.2	登记
噻螨酮	Hexythiazox	杀螨剂	0.05	登记

（续）

中文名称	英文名称	功能	最大残留限量（mg/kg）	是否登记
三氟硝草醚	Fluorodifen	除草剂	0.01*	未登记
三氯杀螨醇	Dicofol	杀螨剂	0.01	禁用
三唑醇	Triadimenol	杀菌剂	0.2	登记
三唑酮	Triadimefon	杀菌剂	0.2	登记
杀虫脒	Chlordimeform	杀虫剂	0.01	禁用
杀虫畏	Tetrachlorvinphos	杀虫剂	0.01	未登记
杀螟硫磷	Fenitrothion	杀虫剂	0.5	登记
杀扑磷	Methidathion	杀虫剂	0.05	禁用
霜霉威和霜霉威盐酸盐	Propamocarb and propamocarb hydrochloride	杀菌剂	5	登记
水胺硫磷	Isocarbophos	杀虫剂	0.05	禁用
速灭磷	Mevinphos	杀虫剂 杀螨剂	0.01	未登记
特丁硫磷	Terbufos	杀虫剂	0.01*	禁用
特乐酚	Dinoterb	除草剂	0.01*	未登记
涕灭威	Aldicarb	杀虫剂	0.02	禁用

（续）

中文名称	英文名称	功能	最大残留限量（mg/kg）	是否登记
戊硝酚	Dinosam	杀虫剂 除草剂	0.01*	未登记
烯虫炔酯	Kinoprene	杀虫剂	0.01*	未登记
烯虫乙酯	Hydroprene	杀虫剂	0.01*	未登记
烯酰吗啉	Dimethomorph	杀菌剂	0.5	登记
消螨酚	Dinex	杀螨剂 杀虫剂	0.01*	未登记
辛硫磷	Phoxim	杀虫剂	0.05	登记
溴甲烷	Methyl bromide	熏蒸剂	0.02*	禁用
氧乐果	Omethoate	杀虫剂	0.02	禁用
乙酰甲胺磷	Acephate	杀虫剂	0.02	禁用
乙酯杀螨醇	Chlorobenzilate	杀螨剂	0.01	未登记
抑草蓬	Erbon	除草剂	0.05*	未登记
茚草酮	Indanofan	除草剂	0.01*	未登记
蝇毒磷	Coumaphos	杀虫剂	0.05	禁用
增效醚	Piperonyl butoxide	增效剂	1	未登记

（续）

中文名称	英文名称	功能	最大残留限量（mg/kg）	是否登记
治螟磷	Sulfotep	杀虫剂	0.01	禁用
艾氏剂	Aldrin	杀虫剂	0.05	禁用
滴滴涕	DDT	杀虫剂	0.05	禁用
狄氏剂	Dieldrin	杀虫剂	0.02	禁用
毒杀芬	Camphechlor	杀虫剂	0.05*	禁用
六六六	HCH	杀虫剂	0.05	禁用
氯丹	Chlordane	杀虫剂	0.02	未登记
灭蚁灵	Mirex	杀虫剂	0.01	未登记
七氯	Heptachlor	杀虫剂	0.01	未登记
异狄氏剂	Endrin	杀虫剂	0.05	未登记

注："*"表示临时限量。

《食品安全国家标准　食品中污染物限量》（GB 2762）规定了重金属及污染物在水果中的限量，同样适用于西瓜，具体见附表2-2。

附表2-2　GB 2762新鲜水果中污染物限量指标

项目	限量	检验方法
铅（以Pb计）（mg/kg）	0.1	GB 5009.12—2023
镉（以Cd计）（mg/kg）	0.05	GB 5009.15—2023

附录3　西瓜品质要求

目前我国国家和行业标准中，涉及西瓜感官和理化指标的标准主要有《地理标志产品　大兴西瓜》（GB/T 22446—2008）、《无籽西瓜分等分级》（GB/T 27659—2011）、《西瓜（含无子西瓜）》（NY/T 584—2002）和《绿色食品　西甜瓜》（NY/T 427—2016），具体见附表3-1、附表3-2。

附表3-1　西瓜感官指标等级划分

1
项目　　　　　　　《地理标志产品　大兴西瓜》（GB/T 22446—2008）

项目	《地理标志产品　大兴西瓜》（GB/T 22446—2008）
果形	果实圆形或高圆形
果皮	厚度不超过1.2 cm，皮色为绿底上覆墨绿色条带
果面	表面平滑，不起棱，无裂果，无腐烂、霉变、病虫斑和机械伤
瓤色	粉红色至桃红色，色泽鲜艳
质地与风味	瓜瓤脆沙，甘甜多汁，爽口，无黄筋

（续）

项目	《无籽西瓜分等分级》（GB/T 27659—2011）		
	特等品	一等品	二等品
基本要求	果实端正良好、发育正常、果面洁净、新鲜、无异味、为非正常外部潮湿，具有耐贮运性或市场要求的成熟度	果实端正良好、发育正常、新鲜清洁、无异味、为非正常外部潮湿，具有耐贮运性或市场要求的成熟度	果实端正良好、发育正常、新鲜清洁、无异味、为非正常外部潮湿，具有耐贮运性或市场要求的成熟度
果形	端正，具有本品种典型特征	端正，具有本品种基本特征	具有本品种基本特征，允许有轻微偏缺，不得有畸形
果肉底色和条纹	具有本品种应有的底色和条纹，且底色均匀一致、条纹清晰	具有本品种应有的底色和条纹，且底色比较均匀一致、条纹比较清晰	具有本品种应有的底色和条纹，允许底色有轻微差别，底色和条纹的色泽稍差

（续）

项目	3		
	《无籽西瓜分等分级》（GB/T 27659—2011）		
	特等品	一等品	二等品
剖面	具有本品种适度成熟时固有色泽，质地均匀一致。无硬块，无空心，无白筋，秕子小而白嫩，无着色秕子	具有本品种适度成熟时固有色泽，质地基本均匀一致，无白筋、无硬块，单果着色秕子数少于5个	具有本品种适度成熟时固有色泽，质地均匀性较差。无明显白筋，允许有小的硬块，允许轻度空心，单果着色秕子数少于10个
正常种子	无	无	1～2粒
着色秕子	纵剖面不超过1个	纵剖面不超过2个	纵剖面不超过3个
白色秕子	个体小，数量少，籽软	个体中等、数量少，或数量中等、个体小	个体和数量均为中等，或个体较大但数量少，或个体小但数量较多
口感	汁多、质脆、爽口、纤维少，风味好	汁多、质脆、爽口、纤维较少，风味好	汁多，果肉质地较脆，果肉纤维较多，无异味

（续）

3			
项目	《无籽西瓜分等分级》（GB/T 27659—2011）		
	特等品	一等品	二等品
单果重量	具有本品种单果重量，大小均匀一致，差异＜10%	具有本品种单果重量，大小较均匀，差异＜20%	具有本品种单果重量，大小差异＜30%
果面缺陷　碰压伤	无	允许总数5%的果有轻微碰压伤，且单果损伤总面积不超过5cm²	允许总数10%的果有碰压损伤，单果损伤总面积不超过8cm²，外表皮有轻微变色，但不伤及果肉
果面缺陷　刺磨划伤	无	允许总数5%的果有轻微损伤，单果损伤总面积不超过3cm²	允许总数10%的果有轻微伤，且单果损伤总面积不超过5cm²，果皮无受伤流汁现象
果面缺陷　雹伤	无	无	允许有轻微雹伤，单果损伤总面积不超过3cm²，且伤口已愈合良好

（续）

3			
项目	《无籽西瓜分等分级》（GB/T 27659—2011）		
	特等品	一等品	二等品
果面缺陷 日灼	无	允许5%的果实有轻微日灼，且单果损伤总面积不超过5cm²	允许有10％的果实有日灼，单果损伤总面积不超过10cm²
病虫斑	无	无	允许愈合良好的病、虫斑，总面积不超过5cm²，不得有正感染的病斑

项目	《西瓜（含无子西瓜）》（NY/T 584—2002）——有籽西瓜		
	优等品	一等品	二等品
基本要求	果实完整良好、发育正常、新鲜洁净、无异味、无非正常外部潮湿，具有耐贮运或市场要求的成熟度	果实完整良好、发育正常、新鲜洁净、无异味、无非正常外部潮湿，具有耐贮运或市场要求的成熟度	果实完整良好、发育正常、新鲜洁净、无异味、无非正常外部潮湿，具有耐贮运或市场要求的成熟度

（续）

项目		《西瓜（含无子西瓜）》（NY/T 584—2002）——有籽西瓜		
		优等品	一等品	二等品
果形		端正	端正	允许有轻微偏缺，但仍具有本品种应有的特征，不得有畸形果
果面底色和条纹		具有本品种应有的底色和条纹，且底色均匀一致、条纹清晰	具有本品种应有的底色和条纹，且底色均匀一致、条纹清晰	具有本品种应有的底色和条纹，允许底色有轻微差别，底色和条纹色泽稍差
剖面		均匀一致，无硬块	均匀一致，无硬块	均匀性稍差，有小的硬块
单果重		大小均匀一致，差异＜10%	大小较均匀，差异＜20%	大小差异＜30%
果面缺陷	碰压伤	无	允许总数5%的果有轻微碰压伤，且单果损伤总面积不超过5cm^2	允许总数10%的果有碰压伤，单果损伤总面积不超过8cm^2，外表面有轻微变色，但不伤及果肉
	刺磨划伤	无	占总数5%的果有轻微伤，单果损伤总面积不超过3cm^2	占总数10%的果有轻微伤，且单果损伤总面积不超过5cm^2，无受伤流汁现象

（续）

项目		《西瓜（含无子西瓜）》（NY/T 584—2002）——有籽西瓜		
		优等品	一等品	二等品
果面缺陷	雹伤	无	无	允许有轻微雹伤，单果总面积不超过3cm²，且伤口已干枯
	日灼	无	允许5%的果有轻微的日灼，且单果总面积不超过5cm²	允许5%的果有日灼，单果总损伤面积不超过10cm²
	病虫斑	无	无	允许干枯虫伤，总面积不超过10cm²，不得有病斑

4

项目	《西瓜（含无子西瓜）》（NY/T 584—2002）——无籽西瓜		
	优等品	一等品	二等品
基本要求	果实完整良好、发育正常、新鲜洁净、无异味、无非正常外部潮湿，具有耐贮运或市场要求的成熟度	果实完整良好、发育正常、新鲜洁净、无异味、无非正常外部潮湿，具有耐贮运或市场要求的成熟度	果实完整良好、发育正常、新鲜洁净、无异味、无非正常外部潮湿，具有耐贮运或市场要求的成熟度

（续）

项目		《西瓜（含无子西瓜）》 （NY/T 584—2002）——无籽西瓜		
		优等品	一等品	二等品
果形		端正	端正	允许有轻微偏缺，但仍具有本品种应有的特征，不得有畸形果
果面底色和条纹		具有本品种应有的底色和条纹，且底色均匀一致、条纹清晰	具有本品种应有的底色和条纹，且底色均匀一致、条纹清晰	具有本品种应有的底色和条纹，允许底色有轻微差别，底色和条纹色泽稍差
剖面		均匀一致，无硬块	均匀一致，无硬块	均匀性稍差，有小的硬块
单果重		大小均匀一致，差异＜10%	大小较均匀，差异＜20%	大小差异＜30%
果面缺陷	碰压伤	无	允许总数5%的果有轻微碰压伤，且单果损伤总面积不超过5cm²	允许总数10%的果有碰压伤，单果损伤总面积不超过8cm²，外表面有轻微变色，但不伤及果肉

（续）

项目		4		
		《西瓜（含无子西瓜）》（NY/T 584—2002）——无籽西瓜		
		优等品	一等品	二等品
果面缺陷	刺磨划伤	无	占总数5%的果有轻微伤，单果损伤总面积不超过3cm²	占总数10%的果有轻微伤，且单果损伤总面积不超过5cm²，无受伤流汁现象
	雹伤	无	无	允许有轻微雹伤，单果总面积不超过3cm²，且伤口已干枯
	日灼	无	允许5%的果有轻微的日灼，且单果总面积不超过5cm²	允许5%的果有日灼，单果总损伤面积不超过10cm²
	病虫斑	无	无	允许干枯虫伤，总面积不超过10cm²，不得有病斑
着色秕子		纵剖面不超过1个	纵剖面不超过2个	纵剖面不超过3个
白色秕子		个体小、数量少	个体中等但数量少，或数量中等但个体小	个体和数量均为中等，或个体较大但数量少，或个体小但数量较多

（续）

5
项目	《绿色食品 西甜瓜》（NY/T 427—2016）

项目	《绿色食品 西甜瓜》（NY/T 427—2016）
果实外观	果实完整，新鲜清洁，果形端正，具有本品种应有的形状和特征
滋味、气味	具有本品种应有的滋味
果面缺陷	无明显果面缺陷（缺陷包括雹伤、日灼、病虫斑及机械伤等）
成熟度	发育充分，成熟适度，具有适于市场或储存要求的成熟度

附表3-2 西瓜理化指标等级划分

	1	
项目	《地理标志产品 大兴西瓜》（GB/T 22446—2008）	《绿色食品 西甜瓜》（NY/T 427—2016）
单果重（kg）	4～8	—
可溶性固形物（%）	瓜瓤中心≥11；瓜瓤边缘≥8	≥10.5
糖酸比	45～50	—
番茄红素（鲜重）（mg/kg）	≥3.0	—

（续）

项目	1	
	《地理标志产品　大兴西瓜》 （GB/T 22446—2008）	《绿色食品　西甜瓜》 （NY/T 427—2016）
维生素C（鲜重）（mg/kg）	≥6.0	—
总酸（以柠檬酸计）（g/kg）	—	≤2.0

项目	分类	2		
		《无籽西瓜分等分级》（GB/T 27659—2011）		
		特等品	一等品	二等品
近皮部可溶性固形物含量（%）	大果型	≥8.0	≥7.5	≥7.0
	中果型	≥8.5	≥8.0	≥7.5
	小果型	≥9.0	≥8.5	≥8.0
中心可溶性固形物含量（%）	大果型	≥10.5	≥10.0	≥9.5
	中果型	≥11.0	≥10.5	≥10.0
	小果型	≥12.0	≥11.5	≥11.0
果皮厚度（cm）	大果型	≤1.3	≤1.4	≤1.5
	中果型	≤1.1	≤1.52	≤1.3
	小果型	≤0.6	≤0.7	≤0.8

（续）

项目	分类	2		
		《无籽西瓜分等分级》（GB/T 27659—2011）		
		特等品	一等品	二等品
同品种同批次单果重量之间允许差（%）	大果型	≤10	≤20	≤30
	中果型			
	小果型			

项目	分类	3					
		《西瓜（含无子西瓜）》（NY/T 584—2002）					
		有籽西瓜			无籽西瓜		
		优等品	一等品	二等品	优等品	一等品	二等品
果实中心可溶性固形物（%）	大果型	≥10.5	≥10.0	≥9.5	≥10.5	≥10.0	≥9.5
	中果型	≥11.0	≥10.5	≥10.0	≥11.0	≥10.5	≥10.0
	小果型	≥12.0	≥11.5	≥11.0	≥12.0	≥11.5	≥11.0

（续）

3						
		《西瓜（含无子西瓜）》（NY/T 584—2002）					
项目	分类	有籽西瓜			无籽西瓜		
		优等品	一等品	二等品	优等品	一等品	二等品
果皮厚度（cm）	大果型	≤1.2	≤1.3	≤1.4	≤1.3	≤1.4	≤1.5
	中果型	≤0.9	≤1.0	≤1.1	≤1.1	≤1.2	≤1.3
	小果型	≤0.5	≤0.6	≤0.7	≤0.6	≤0.7	≤0.8

质量安全

采收 → 质检 → 食用